왜 그런지 정말 궁금해요

가야를 왜 철의 왕국 이라고 하나요?

철의 왕국 가야에 대한 궁금증 48가지

권오영(한신대 국사학과 교수) 지음

다섯수레

가야를 왜 철의 왕국이라고 하나요?

처음 펴낸 날 | 2011년 1월 15일
다섯 번째 펴낸 날 | 2020년 1월 15일

글 | 권오영

펴낸이 | 김태진
펴낸곳 | 다섯수레
주소 | 경기도 파주시 광인사길 193(우 10881)
전화 | 031) 955-2611
팩스 | 031) 955-2615
홈페이지 | www.daseossure.co.kr
등록번호 | 제 3-213호
등록일자 | 1988년 10월 13일

인쇄 | (주)로얄프로세스
제본 | 책다움

ⓒ 권오영 2011

ISBN 978-89-7478-291-7 74910
ISBN 978-89-7478-029-6(세트)

이 책을 쓴 권오영 선생님은 서울대학교 국사학과를 졸업하고, 같은 학교 대학원에서 삼한의 사회 구조에 대한 연구로 박사학위를 받았습니다.
한국 고대의 국가 형성과 대외 교류 연구에 주력해 왔습니다. 현재 서울대학교 국사학과 교수로 계시면서 백제학회 회장을 맡고 있습니다. 《백제를 왜 잃어버린 왕국이라고 하나요?》, 《고대 동아시아 문명 교류사의 빛, 무령왕릉》, 《해상 실크로드와 동아시아 고대국가》 들을 쓰셨습니다.

기획·편집 | 김경희, 정헌경, 전은희
디자인 | 이영아, 박정수

사진 제공 | 권오영, 국립중앙박물관, 국립김해박물관, 삼강문화재연구원, 대성동고분박물관, 국립가야문화재연구소, 조용진, 고령군청

이 도서의 국립중앙도서관 출판예정도서목록(CIP)은 서지정보유통지원시스템 홈페이지(http://seoji.nl.go.kr)와 국가자료종합목록 구축시스템(http://kolis-net.nl.go.kr)에서 이용하실 수 있습니다. (CIP제어번호 : CIP2010004583)

차 례

- 4 가야는 어떤 나라였나요?
- 5 가야의 영토는 어디까지였나요?
- 5 '가야'라는 말은 어디에서 나왔나요?
- 6 가야는 왜 삼국에 들지 못했나요?
- 6 가야는 신라보다 더 발전했나요?
- 7 백제와 신라는 왜 가야 땅을 탐냈나요?
- 7 고구려는 왜 가야에 쳐들어왔나요?
- 8 가야는 어느 나라와 교류했나요?
- 9 가야는 어떻게 국제 교류의 중심지가 되었나요?
- 9 일본에서는 왜 가야 유물이 많이 나오나요?
- 10 가야를 왜 철의 왕국이라고 하나요?
- 10 가야를 왜 금관국이라고 하나요?
- 11 가야 사람들은 쇠를 다루는 대장장이를 존경했나요?
- 12 가야 토기는 왜 유명한가요?
- 12 가야 토기와 신라 토기는 어떻게 다른가요?
- 13 가야 토기에는 어떤 것이 있나요?
- 14 가야의 임금님도 금관을 썼나요?
- 14 용과 봉황이 새겨진 화려한 칼은 누가 썼나요?
- 15 가야 사람들도 장신구를 했나요?
- 16 가야 사람들은 말을 잘 탔나요?

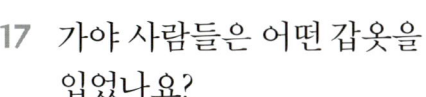

- 17 가야 사람들은 어떤 갑옷을 입었나요?
- 17 가야의 무기에는 어떤 것이 있나요?
- 18 가야의 무덤에서는 왜 많은 유물이 나오나요?
- 19 가야 사람들은 왜 무덤을 높은 곳에 만들었나요?
- 20 가야의 무덤에서는 왜 여러 사람의 유골이 나오나요?
- 20 가야의 장례 의식을 고스란히 보여 준 무덤은 어디인가요?
- 21 1500년 만에 살아난 가야 미인은 누구인가요?
- 22 가야 사람들은 부자였나요?
- 22 가야 사람들은 어떤 돈을 사용했나요?
- 23 가야 사람들은 어떻게 농사를 지었나요?
- 24 가야 사람들은 무엇을 먹었나요?
- 25 가야 사람들은 어떤 그릇을 사용했나요?
- 25 가야 사람들은 어떤 옷을 입었을까요?
- 26 가야 사람들은 어떤 집에서 살았나요?
- 27 가야의 왕궁은 어떻게 생겼나요?
- 28 가야의 유물에는 왜 새 모양의 장식이 많은가요?
- 28 가야 사람들도 성형 수술을 했나요?
- 29 가야미의 아름다움과 여유는 어디에서 온 것일까요?
- 30 가야 사람들이 남긴 문자 유물이 있나요?
- 31 가야 사람들은 무엇으로 글씨를 썼나요?
- 31 삼국사기에는 왜 가야가 없지요?
- 32 가야 사람들은 모두 같은 말을 썼나요?
- 32 우륵은 왜 가야금 12곡을 만들었나요?
- 33 가야에도 유명한 문장가가 있었나요?
- 33 김유신은 가야 사람이었나요?
- 34 가야가 멸망한 뒤 가야 사람들은 어떻게 되었나요?
- 35 가야는 왜 멸망했나요?
- 35 가야를 알려면 어떻게 해야 하나요?
- 36 고구려, 백제, 신라와 함께 4국 시대를 이룬 철의 왕국 가야
- 40 찾아보기

가야는 어떤 나라였나요?

가야는 낙동강 서쪽의 옛 변한 지역에서 일어난 나라였어요. 가야는 금관가야, 대가야, 아라가야와 같은 작은 나라들이 모인 연맹체로 초기에는 김해를 중심으로 일어난 금관가야가, 후기에는 고령을 중심으로 세력이 확장된 대가야가 가야 연맹체를 이끌어 갔어요. 가야는 풍부한 철 생산과 활발한 무역으로 성립 초기부터 고구려, 백제, 신라와 당당하게 맞섰던 나라입니다. 우리 고대사의 대부분은 고구려, 백제, 신라, 가야 네 나라가 서로 밀고 당기면서 맞서 있었어요. 그래서 어떤 학자들은 우리 고대사를 4국 시대라고 합니다.

가야의 국경을 알게 한 대가야의 물결무늬 긴목항아리
남원 두락리에서 출토된 이 토기는 5세기 말에서 6세기 초, 대가야의 영향력이 지리산 서쪽의 남원에 이르렀음을 확인해 줍니다. 백제는 이 지역을 장악하기 위해 가야와 치열한 전쟁을 벌였어요.

수로왕릉

● **가야의 건국 신화는 두 가지가 전해집니다.**

금관가야의 수로왕 신화
옛날 김해 지방에는 9명의 촌장들이 다스리는 작은 세력이 있었어요. 어느 날 구지봉이라는 산에서 이상한 소리가 들리더니 하늘에서 여섯 개의 황금알이 들어 있는 금빛 상자가 내려왔어요. 그 알에서 태어난 여섯 명의 아기 중 한 분이 금관가야를 다스린 수로왕이라고 전해집니다.

대가야의 이진아시왕 신화
북쪽 고령 지방에는 가야산 여신 정견모주가 천신과 결혼하여 낳은 아들 이진아시가 대가야의 왕이 되었다고 전합니다. 이진아시는 수로왕의 형이라고 하네요. 아마도 고령의 대가야가 김해의 금관가야보다 강력하다고 뽐내기 위해서겠지요.

● **수로왕의 부인 허 왕후는 정말 인도에서 왔나요?**
《삼국유사》에는 인도 아유타국의 공주 허황옥이 배를 타고 수만 리 바닷길을 따라 김해로 와서 수로왕과 결혼하여 왕비가 되었다는 이야기가 있어요. 그대로 믿기 어렵지만 가야가 그만큼 배를 이용해 바다를 무대로 활발한 국제 교류를 했기 때문에 이런 이야기도 전해질 수 있겠지요. 구지봉 가까이에 허 왕후의 능으로 전해지는 무덤이 있어요.

파사석탑
허 왕후의 능으로 전해지는 무덤 앞에는 파사석탑이라는 돌탑이 있는데, 허 왕후가 인도에서 올 때 배의 균형을 잡으려고 싣고 온 돌탑이라고 해요.

가야의 영토는 어디까지였나요?

가야는 영토가 고정되어 있지 않았어요. 《삼국유사》에는 가야의 영역이 동쪽은 황산강(낙동강), 서남쪽은 푸른 바다(남해), 서북쪽은 지리산, 동북쪽은 가야산, 남쪽은 나라 끝이라고 기록되어 있어요. 하지만 가야의 전성기 영토는 소백산맥과 섬진강을 넘어 지금의 전라도 땅인 남원, 임실, 장수, 여수, 순천 지역까지 이르렀어요.

한반도에서 가야의 위치

가야의 작은 나라들의 위치

남원의 월산리 무덤에서 출토된 대가야의 투구

고령 지산동 가야 무덤들
5~6세기 가야의 위용을 보여 주는 유적으로, 줄지어 있는 대가야의 왕급 무덤입니다.

'가야'라는 말은 어디에서 나왔나요?

'가야'라는 말은 김해를 중심으로 일어난 구야국에서 나온 이름입니다. 가야의 작은 나라들은 고령에서는 가라국, 함안에서는 안라국, 고성에서는 고자국으로 다양하게 불리다가 나중에 김해는 금관가야, 고령은 대가야, 함안은 아라가야, 고성은 소가야라고 불리게 되었습니다.

가야는 왜 삼국에 들지 못했나요?

가야와 비슷한 시기에 일어난 고구려, 백제, 신라는 점차 주변 세력들을 모아 강력한 나라로 발전해 갔어요. 그러나 가야는 작은 나라들이 제각각 산으로 둘러싸인 분지에 나뉘어 있었지요. 게다가 바다를 무대로 활발한 교역을 하면서 커 가던 금관가야가 광개토대왕이 보낸 고구려 5만 군의 침입을 받고 힘을 잃어 통일된 왕국을 이루지 못했어요. 그러나 가야는 문화 수준이 결코 백제나 신라에 뒤지지 않을 만큼 뛰어난 유물을 남겨 5백여 년 가야의 역사를 생생하게 보여 주고 있지요.

금관가야의 문화 수준을 보여 주는 화로형 토기
이 화로형 토기는 김해 지역에서 출토된 금관가야의 단단한 도질 토기로, 표면에 삼각무늬와 물결무늬를 넣어 가야 토기의 부드럽고 유연한 곡선미와 깔끔한 직선미를 더욱 돋보이게 조화시킨 아름다운 토기입니다.

아라가야의 독자적 성격을 보여 주는 불꽃무늬 굽다리 접시
힘 있게 곡선을 이루면서 뻗어 올라간 굽다리에 직선과 곡선의 조화를 이룬 불꽃무늬 투창이 강렬하게 표현된 멋진 토기지요. 이 토기는 함안 지역의 전형적인 토기로 아라가야 문화의 독자적 성격을 보여 주고 있어요.

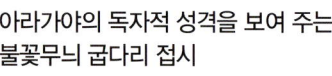

가야와 신라의 굽다리 접시
부산 복천동에서 발견된 가야 무덤에서는 신라색이 강한 유물도 발견되고 있어요. 복천동 31호 무덤에서는 굽다리에 투창이 나란히 나 있는 가야 토기와 어긋나게 나 있는 신라 토기가 함께 출토되었어요.

가야는 신라보다 더 발전했나요?

가야는 낙동강으로 이어지는 남해의 바닷길을 통해 일본, 중국 등 여러 나라와 교역하면서 크게 번영했어요. 이에 비해 초기 신라는 지리적으로 한반도 동남쪽에 치우쳐 있어 지역적으로 고립된 채 작은 나라를 면치 못하고 있었지요. 신라는 532년 김해의 금관가야를 통합하면서 비로소 약소국에서 벗어났고, 562년 고령의 대가야를 통합한 후에야 당당한 삼국의 일원으로 고구려, 백제와 겨루게 되었지요.

가야 왕관
부산 복천동 11호 무덤에서 출토된 이 금동관은 신라의 영향을 받기 시작하던 무렵의 가야 왕관입니다.

백제와 신라는 왜 가야 땅을 탐냈나요?

4세기에 낙랑군이 한반도에서 쫓겨나고 고구려의 힘이 커지면서 우리나라 중북부에서는 백제와 고구려가 힘을 겨루게 되었어요. 그 여파로 아직 발전 단계에 있던 가야와 신라도 영향을 받게 됩니다. 백제는 한반도의 서남 해안과 교역로를 차지하고 고구려와 신라를 견제하려고 했어요. 이 과정에서 백제는 가야를 통해 일본과의 교역을 활성화하려고 가야 땅을 탐냈지요. 한편 신라도 철이 풍부하고 좋은 항구를 갖춘 가야를 차지하고 싶어 했습니다.

백제의 영향을 받은 청동합(지산동 44호 무덤 출토)
이 청동합은 입 부분이 그릇 안쪽으로 두툼하게 돌출하고, 입술 바깥쪽으로 깊게 파인 선이 두 줄 나 있는 형태가 공주 무령왕릉에서 출토된 백제 합과 닮아 백제의 영향을 받은 것으로 짐작되지요.

용무늬 장식 큰 고리자루칼(손잡이 부분)
합천 옥전 M3호 무덤에서는 용과 봉황이 새겨진 네 자루의 큰 고리자루칼이 출토되었는데, 그중 이 용무늬 장식 칼은 백제의 칼을 닮아 백제와 교류하면서 들어온 것으로 보입니다.

고구려는 왜 가야에 쳐들어왔나요?

고구려는 광개토대왕이 즉위하면서 백제로부터 옛 대방 지역을 빼앗고 한강 유역까지 밀고 내려오게 되지요. 이 무렵 강국으로 성장하던 고구려는 신라의 수도 경주와 그 주변에 들어온 왜구를 몰아내 달라는 신라의 요청을 받고, 5만 군을 보내 왜구를 몰아낸 뒤 가야의 종발성이란 곳까지 쳐들어갑니다. 가야를 통해 일본과 활발하게 교역하려는 백제를 견제하기 위해서였다고 해요. 이때 동아시아의 교역로를 장악하고 발전해 가던 금관가야는 완전히 힘을 잃고 맙니다.

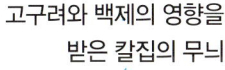

고구려와 백제의 영향을 받은 칼집의 무늬
옥전 무덤에서 출토된 고리자루칼의 금제 칼집의 무늬에는 고구려 벽화와 백제 무령왕릉에서 볼 수 있는 도깨비와 두꺼비 문양이 묘사되어 있어 고구려와 백제의 영향을 받은 것으로 보입니다.

● **임나일본부란 무엇인가요?**
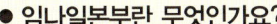
임나일본부는 약 1300년 전에 만들어진 《일본서기》라는 역사책에서 나온 말입니다. 일본은 가야 땅에 군사 사령부를 설치하여 한반도 남부를 지배했다고 주장합니다. 하지만 당시에는 아직 일본이라는 나라 이름도 사용되지 않았고, 일본은 바다를 건너 군대를 보낼 힘도 없는 약한 나라였지요. 가야 역사를 연구하면서 가야의 국력이 일본보다 앞서 있었을 뿐 아니라 일본이 가야의 영향을 많이 받은 사실들이 밝혀지고 있습니다.

가야는 어느 나라와 교류했나요?

가야의 대외 교역로

가야는 고구려, 백제, 신라뿐만 아니라 바다를 건너 중국과도 교류했지만 가장 활발하게 교류한 곳은 일본이었어요. 가야의 무덤에서는 중국 대륙이나 일본과의 문화 교류가 활발했음을 보여 주는 유물들이 많이 나왔어요. 중국 역사 기록에 보면 가라국(대가야) 왕 하지가 중국 남제라는 나라에 사신을 보낸 기록이 있어 5세기 대가야가 상당한 힘을 가진 나라였음을 알려 주고 있어요.

중국과의 교역을 보여 주는 사신 문양 거울
이 거울은 후한 시대의 중국 거울로 중국과의 교역을 통해 들어온 것이지요. 종교적인 권위나 지배자의 신분을 나타내는 특수한 물건으로 쓰였어요. 이 거울의 사방에는 현무, 청룡, 백호, 주작의 문양이 새겨져 있어요. (김해 대성동 23호 무덤 출토)

호랑이 모양 허리띠 고리
이 청동제 허리띠 고리는 내몽골이나 중국 동북 지역에 기원을 둔 유목 기마 민족이 쓰던 유물과 닮아 있지요. (김해 대성동 11호 무덤 출토)

유라시아 북방 초원 지대에서 쓰던 항아리
이 항아리는 유목 기마 민족들의 휴대용 취사 도구이자 연회, 의식 등에 중요하게 사용되던 그릇이라고 해요. 출토되었을 때 이 항아리에서 밤 세 알이 나왔다고 합니다. (김해 대성동 47호 무덤 출토)

● **가야 지역에서 발견되는 일본계 유물**
가야가 일본과 교류를 활발하게 했음을 보여 주는 일본계 유물은 방패 꾸미개와 돌로 만든 화살촉 같은 무기류와 조개로 만든 국자 같은 생활용품들입니다.

방패 꾸미개
바람개비처럼 생긴 이 청동 제품은 방패를 꾸미는 장식으로 김해 대성동 무덤에서 발견되었어요.

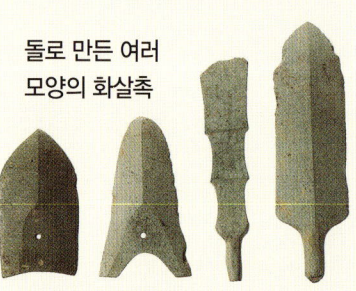

돌로 만든 여러 모양의 화살촉

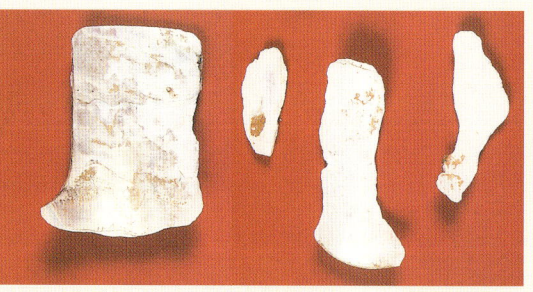

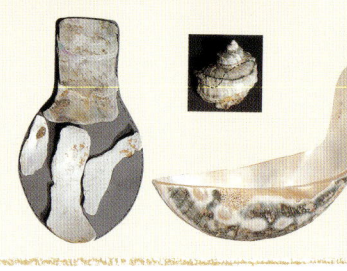

오키나와산 야광조개로 만든 국자의 파편(위)과 복원된 국자(아래)
고령 지산동 44호 무덤에서 오키나와산 야광조개로 만든 국자의 파편이 발견되었어요.

가야는 어떻게 국제 교류의 중심지가 되었나요?

김해를 중심으로 일어난 금관가야는 낙동강과 바다가 만나는 지리적인 이점과 풍부한 철 생산을 바탕으로 일본 열도나 중국 대륙과 활발하게 교류하면서 국제 교역의 중심지로 발전할 수 있었어요. 실제로 가야가 바닷길을 열어 활발하게 국제 교류를 했던 선착장과 대형 도로가 김해에서 발견되었어요. 당시 가야의 무역선이 일본과 중국까지 드나들던 모습을 상상해 보세요.

배 모양의 토기

사진 제공 | 삼강문화재연구원(위, 아래)   **포장도로**

선착장

가야의 선착장과 포장도로 유적
김해시 관동리에서 발견되었어요. 1600년 전 가야 사람들이 배를 댔던 인공 구조물이 있는 선착장(아래)과 수레바퀴 자국이 나 있는 포장도로(위) 유적이에요. 근처에서 물품 보관 창고도 발견되었어요. 선착장에서 내린 물건들은 창고에 보관하거나 도로를 달리는 수레에 실어 여기저기로 옮겼을 거예요.

일본에서는 왜 가야 유물이 많이 나오나요?

일본은 철을 비롯한 선진 문물을 받아들이기 위해 가야와 잦은 왕래를 했어요. 가야는 일본의 문화 발전 과정에 많은 영향을 주었어요. 두드리면 쇳소리가 날 정도로 단단한 일본의 '스에키'라는 토기는 가야의 토기장들이 일본에 가서 만들어 준 것이지요. 이 토기는 일본에서 아주 귀중하게 여겼다고 해요.

● **일본에서 발견되는 가야계 유물**

가야가 가장 활발하게 교류한 일본의 유력한 수장의 묘에서는 대가야의 투겁창 같은 무기류와 가야의 토기들이 나왔어요.

가야 특유의 말 띠 드리개
일본 와카야마 현에서 다른 마구류와 함께 출토되었어요.

말 투구
실제 싸움터에서 말의 얼굴을 가리던 투구입니다. 일본 와카야마 현에서 나온 투구로 가야의 옥전 M3호 무덤에서 출토된 말 투구와 닮아 있어요.

가야의 그릇받침과 굽다리 접시
이 토기는 일본의 후쿠오카 현에서 출토되었어요.

가야를 왜 철의 왕국이라고 하나요?

철은 고대 사회 발전의 원동력인 무기와 농기구를 만드는 데 꼭 필요한 자원이었어요. 가야의 무덤에서는 덩이쇠와 함께 쇠로 만든 농기구와 무기류도 많이 나오고 있어요. 이처럼 풍부한 철 생산과 수준 높은 철제품들은 가야를 철의 왕국이라 불리게 했지요. 초기 가야를 이끈 세력은 발전된 제철 기술을 가진 낙동강 하류 지역의 금관가야 사람들이었어요.

가야의 덩이쇠들
가야의 덩이쇠는 크기는 달라도 돈처럼 같은 모양으로 만들어졌어요. 값싼 작은 덩이쇠로는 화살촉 같은 작은 물건을, 값비싼 큰 덩이쇠로는 투겁창이나 쇠스랑 같은 큰 철기를 만들었을 거예요. 가야에는 덩이쇠를 만드는 전문가들이 있었다고 해요.

김해 대성동 2호 무덤에서 출토된 덩이쇠
가야 지역에서는 4세기 이후 본격적인 형태의 덩이쇠가 생산되었어요. 이 덩이쇠는 쇠의 일차 가공품으로 여러 가지 철기를 간편하게 만들 수 있도록 미리 만들어 놓은 것인데, 화폐로도 사용했어요. 김해의 대성동 2호 무덤에서 출토된 이 덩이쇠의 길이는 21~25센티미터입니다.

가야를 왜 금관국이라고 하나요?

금관국이란 '쇠를 담당하는 나라'라는 뜻이에요. 일본 역사책인《일본서기》에는 가야가 '쇠의 나라'로 기록되어 있어요. 가야의 땅인 낙동강 유역에는 철광석이나 사철이 많았어요. 철은 납작한 덩이쇠로 거래되었고, 이 덩이쇠는 화폐로도 사용했지요. 중국의《삼국지》라는 책에는 "철을 매매하는 것이 마치 시장에서 물건을 사고파는 것과 같다."라고 씌어 있어요. 가야는 중국, 한반도 서북 지역과 남해안 일대, 일본 땅을 잇는 교통의 중요한 위치에 있으면서 철의 생산과 교역으로 크게 성장해 갔어요.

쇠도끼의 출토 상태(합천 옥전 M3호 무덤)
가야에서는 무덤 바닥에 덩이쇠와 쇠도끼를 깔고 그 위에 주검을 안장했어요.

가야 사람들은 쇠를 다루는 대장장이를 존경했나요?

김해 대성동과 부산 복천동 무덤에서는 대장간에서 사용하는 쇠집게와 망치, 모루 같은 단야 도구들이 발견되어 이 무덤의 주인이 대장장이거나 많은 대장장이를 거느렸던 사람일 거라고 해요. 당시 사람들이 대장장이를 존경했던 것을 알 수 있지요. 또한 단야 도구가 출토된 무덤들이 있는 낙동강 하류 지역은 이곳에 살던 사람들이 당시 철 생산과 철기 제작의 주체였다는 것을 알게 합니다.

창원 다호리에서 출토된 쇠망치
1세기 무렵에 만들어진 이 망치는 가야에서 가장 오래된 단야 도구입니다.

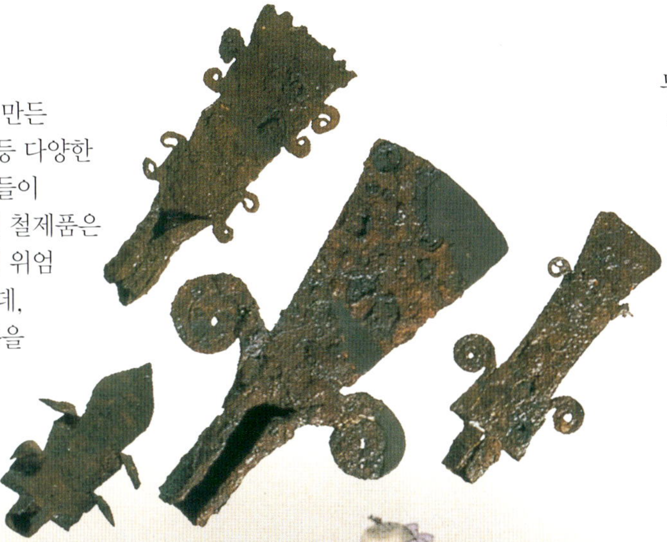

미늘쇠
가야 유물에는 두들겨 만든 철기, 꽈서 만든 철기 등 다양한 기법으로 만든 철제품들이 많아요. 미늘쇠라는 이 철제품은 투겁에 긴 나무를 끼워 위엄 있게 보이려는 도구인데, 가야의 철기 문화 수준을 잘 보여 주고 있지요.

쇠를 다루는 단야 도구들
대장간에서 쇠를 다루는 도구들이에요. 무덤에 이런 단야 도구가 묻힌 것을 통해 이 무덤의 주인이 쇠를 다루는 대장장이 집단과 관련 있는 권력자였다는 것을 알 수 있어요.

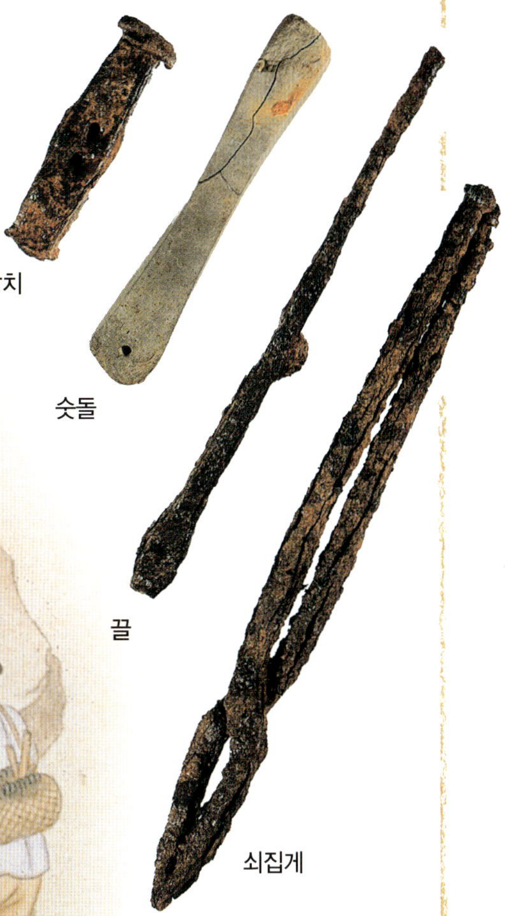

망치

숫돌

끌

쇠집게

쇠를 달구어 여러 가지 철제 도구를 만드는 대장간 (김준근 그림)

가야 토기는 왜 유명한가요?

가야 유적에서 가장 많이 나오는 유물이 토기인데, 가야 토기는 아주 단단해서 두드리면 쇳소리가 날 정도라고 해요. 이런 토기는 가마에서 1,200도가 넘는 높은 온도로 구웠어요. 1천 도가 넘는 뜨거운 온도에서 철을 생산하며 불을 다루었던 가야 사람들에게는 토기 굽는 기술에도 숨은 비결이 있었나 봐요. 가야 토기의 형태와 문양에서 보이는 안정감과 유연한 곡선의 흐름은 아름다운 가야의 산천을 닮았다고 해요. 이런 가야 토기는 일본의 '스에키'라는 단단한 토기로 이어지게 되지요.

전형적인 가야의 뚜껑 있는 굽다리 접시
아담하고 당당한 모습의 굽다리 접시는 가야의 어느 지역에서나 발견되는데, 비교적 깊이가 얕고 나팔 모양으로 벌어져 오늘날의 접시처럼 사용했던 그릇이지요. 긴 굽다리에 2단으로 뚫린 투창이 특징인데 다양한 지역색이 나타나 있기도 해요.

뚜껑 없는 긴목항아리
이 항아리는 목 부분과 몸체의 연결이 뚜껑 있는 긴목항아리와 닮아 있지만, 입 부분이 나팔처럼 벌어져 있지요. 긴 목의 가운데가 부드럽게 좁아들며 목 부분에서 몸체로 이어지는 유연한 곡선이 아름답고 안정적입니다.

뚜껑 있는 긴목항아리와 그릇받침
김해 대성동 무덤에서 출토된 전형적인 가야 토기입니다. 4세기 말~5세기 초에 금관가야에서 만들어진 이런 토기는 이후 대가야 토기의 특징으로 나타납니다.

가야 토기와 신라 토기는 어떻게 다른가요?

가야와 신라는 낙동강을 경계로 서쪽과 동쪽을 나란히 차지하여 문화가 비슷한 점도 있지만 각각 고유한 문화적 특성이 있지요. 특히 토기에서 뚜렷하게 구별됩니다. 굽에 뚫린 투창이 가야의 토기에는 수직으로 줄지어 있는 데 비해 신라의 토기에는 엇갈려 배치되었어요. 그리고 형태와 문양에서도 가야 토기의 유연한 곡선미에 비해 신라 토기는 투박하고 간결한 직선미가 특징이지요.

아래위 투창이 엇갈리게 뚫린 신라 그릇받침
경주 황남대총에서 출토되었어요.

투창이 아래위 일직선으로 나 있는 가야 그릇받침
김해 대성동 1호 무덤에서 출토되었어요.

가야 토기에는 어떤 것이 있나요?

가야의 공예품 중에 토기는 종류도 가장 많고 다양합니다. 토기는 일상생활에 쓰이는 그릇이면서 예술품이기도 하고, 무덤에 함께 넣는 장례용으로도 쓰였어요. 그중에도 목 부분과 몸체가 유연한 S자형 곡선을 이루며 목에 여러 줄의 밀집 물결무늬가 있는 긴목항아리는 가야 토기의 모습을 잘 보여 줍니다.

가야 토기 출토 상태
가야의 무덤에서 제일 많이 나오는 유물은 토기입니다. 이 출토 모습은 북쪽 성산가야 지역의 성주 성산동 38호 무덤의 부곽으로 마치 토기 가마를 보는 듯해요.

뚜껑 있는 긴목항아리(아래)
고령 지역에서 출토된 이 항아리에는 가야 토기의 특징이 가장 잘 나타나 있어요. 살짝 조이는 듯 곡선을 이룬 긴 목 부분에는 조밀하게 새겨진 물결무늬가 세 단으로 둘려져 있고, S자 모양으로 유연한 곡선을 이루며 이어지는 몸체의 풍만함은 아름다움과 안정감을 느끼게 하지요. 입 주변에는 뚜껑받이턱을 두어 뚜껑이 안정적으로 덮이게 했어요. 뚜껑에는 단추형 꼭지를 달아 실용과 아름다움을 갖추고 있지요.

쌍귀 달린 대접
짧은 굽다리에 뚜껑이 있는 이 토기는 주발이나 대접으로 쓰였을 것 같아요. 고령 양식으로 고사리문양 손잡이 두 개가 귀엽게 달려 있고, 몸체에는 조밀한 선으로 물결무늬가 새겨져 있어요.

원통 모양의 그릇받침(왼쪽)
대가야 지역에서 출토된 이 토기는 왕이나 귀족들의 의례용으로 썼던 것으로, 규모가 큰 무덤에서만 출토되고 있어요. 높은 몸체를 가로 선으로 나누어 물결무늬를 새기고 군데군데 나뭇잎 무늬와 물방울 무늬를 적절하게 배열하면서 정성을 다해 만들었지요. 네모로 된 투창을 나란히 뚫고 세로로 길게 뱀 모양의 장식을 붙인 이 그릇받침은 가야 토기의 특징을 잘 보여 줍니다. 납작하고 넓게 벌어진 받침 위에 제사 음식을 담은 그릇을 올려놓고 절을 했을 거예요.

고령 지산동 무덤에서 나온 스에키

● **스에키는 어떤 토기인가요?**
일본 도질 토기의 시작인 스에키는 가야 토기의 영향을 받아 발전했다고 해요. 스에키에 영향을 준 대표적 기종은 그릇받침, 물결무늬가 새겨진 항아리, 굽 달린 잔입니다.

가야의 임금님도 금관을 썼나요?

물론 가야의 임금님도 금관을 썼지요. 가야의 유적에서는 순금으로 된 금관과 함께, 청동에 금을 입힌 금동관, 은으로 만든 은관, 쇠로 만든 관도 발견되었습니다. 왕의 권위를 상징하는 가야의 왕관은 신라와는 달리 나뭇가지나 풀 모양 또는 불상의 광배 모양으로 세움장식을 붙여 가야만의 미의식을 보여 주고 있어요. 금관의 모양으로도 신라와 가야를 쉽게 구별할 수 있지요.

광배 모양 금동관
불상의 광배 모양을 닮은 이 관은 세움장식의 좌우에 나뭇가지 모양의 장식이 덧붙여져 있어요. 고령 지산동 32호 무덤에서 출토되었지요.

왕권을 상징하는 대가야의 금관
고령 지산동의 대형 무덤에서 출토된 것으로 알려진 이 금관은 이마에 닿는 부분인 둥근 테와 그 위에 세워진 네 개의 세움장식으로 되어 있는데, 장식이 풀과 꽃 모양으로 되어 있는 것이 신라의 금관과 다르지요. 금관과 함께 금관의 부속 장식인 꽃 모양과 펜촉 모양의 장식물들이 함께 발견되었어요.

금관과 함께 발견된 금장식
금관과 함께 출토된 이 장식들은 어디에 달았는지 확실하지 않지만, 관 안쪽에 달아 늘어뜨리는 장식으로 보입니다.

용과 봉황이 새겨진 화려한 칼은 누가 썼나요?

단봉문 고리자루 칼의 몸체

봉황 한 마리가 장식된 단봉문 고리자루칼의 자루 부분

용과 봉황이 X자로 장식된 용봉문 고리자루칼의 자루 부분

가야의 무덤에서는 칼자루의 둥그런 고리에 용과 봉황을 화려하게 장식한 고리자루칼이 여러 자루 나왔어요. 용과 봉황은 예나 지금이나 나라에서 제일 높은 사람의 상징이지요. 이런 칼은 단순한 무기가 아니라 이 칼을 가진 사람이 높은 신분이라는 것을 보여 주는 데 사용했어요. 둥근 고리에 상감 기법을 활용할 정도로 가야의 공예 기술이 높은 수준이었음을 알게 합니다.

가야 무덤에서 나온 화려한 고리자루 큰칼
합천 옥전 M3호 무덤에서 이렇게 화려한 칼이 4자루나 출토되었어요. 백제의 무령왕릉에서는 한 자루밖에 나오지 않았지요. 세공도 백제 무령왕릉의 것보다 더 화려하다고 해요. 이런 것으로 보아 가야 사람들이 쇠를 다루는 솜씨가 뛰어났다는 것을 알 수 있어요.

팔찌

가야 사람들도 장신구를 했나요?

물론 장신구를 했어요. 가야의 특징을 잘 보여 주는 공예품으로는 귀고리, 목걸이, 팔찌가 있어요. 귀고리는 대개 금으로 되어 있고 가는 고리의 세환식이며 금실로 엮어 길게 늘어뜨린 아래에 금 알갱이가 붙고, 하트나 공 모양의 끝 장식을 달았지요. 목걸이는 초기에는 붉은 마노와 투명한 수정을 섞어 만든 것이 많았는데, 전성기에는 다양한 색의 유리구슬과 비취 곡옥으로 만들었어요.

금귀고리(합천 옥전 28호 무덤 출토)
가야 귀고리의 특징이 잘 나타나 있어요.

돼지 이빨 팔찌
(대성동 2호 무덤 출토)

붉은 마노 구슬, 유리구슬
(김해 양동리 출토)
비취 곡옥으로 된
아름다운 목걸이예요.

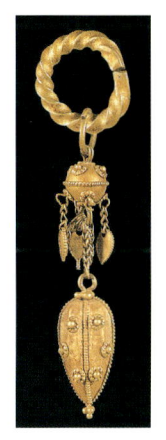
대가야식 귀고리
귀에 끼는 고리 밑에 속이 빈 공 모양의 중간 장식을 단 것이 특징입니다.

● 가야의 귀고리는 신라 것보다 장식을 많이 했으며 구성과 형태가 다양합니다.

금귀고리
(합천 옥전 M4호 무덤 출토)

금귀고리의 출토 상태

붉은 마노와
옥구슬 목걸이
(김해 대성동 2호 무덤 출토)

15

가야 사람들은 말을 잘 탔나요?

가야에 북방 민족의 기마 풍습이 전해지면서 말을 타고 전투를 하는 기마 군단이 생겼어요. 가야 무덤에서는 말을 탈 때 반드시 필요한 재갈, 안장, 발걸이들이 나왔고 그 밖에 화려한 말 장식들도 나왔어요. 이러한 물건들을 말갖춤이라고 하는데 가야에서는 화려한 말갖춤이 아주 많이 사용되었고, 주인이 죽으면 무덤에 넣어 주는 풍습이 있었다고 합니다.

- 말갖춤에는 말을 마음대로 다루기 위한 재갈, 굴레, 고삐와 말 탄 사람의 안정을 위한 발걸이, 안장 그리고 말을 장식하는 말 띠 꾸미개, 말 띠 드리개, 말방울, 기꽂이들이 있습니다.

⑪ 목 가리개

⑫ 투구 (옥전 28호 무덤 출토)

⑩ 기병들이 입었던 비늘 갑옷 부분

⑨ 말안장 가리개 (창녕 교동 89호 무덤 출토)
나무로 만들고 그 위에 화려한 금속 장식을 붙인 것도 있어요.

⑧ 기꽂이 (남원 두락리 무덤 출토)

⑦ 말 띠 꾸미개

⑥ 말 띠 드리개

① 말 투구 (복천동 10·11호 무덤 출토)
김해, 합천 등지에서 말의 얼굴에 씌우던 투구가 여러 점 발견되었어요. 말의 얼굴을 모두 철판으로 감쌀 뿐만 아니라 쫑긋 올라간 귀와 이마 부분까지 철판을 세웠어요.

② 재갈 (김해 대성동 2호 무덤 출토)
말에게 물리는 도구.

③ 말방울

④ 팔뚝가리개 (부산 복천동 11호 무덤 출토)

⑤ 발걸이 (함안 도항리 22호 무덤 출토)

사진 제공 | 대성동고분박물관

쇠로 만든 말 갑옷

말 갑옷이 함안 도항리 무덤에서 금판 장식의 큰 고리자루칼과 함께 나왔어요. 길이가 230센티미터로 말에게 입혔던 갑옷이지요. 고구려 고분 벽화의 기마 전사나 가야 토기의 기마인물상에서 보이는 말 갑옷의 실물이지요. 이 말 갑옷이 나온 무덤이 마갑총이에요.

가야 사람들은 어떤 갑옷을 입었나요?

처음에는 나무껍질이나 동물 뼈로 만든 갑옷을 입었지만 차츰 쇠로 만든 갑옷이 사용되었어요. 가야 유적에서 나오는 여러 종류의 갑옷은 최고 지배자의 권력이 강화되었다는 것을 말해 주지요. 갑옷에는 판갑옷과 비늘 갑옷이 있는데, 가야에서는 판갑옷이 많이 출토되었어요. 판갑옷은 얇은 철판을 사람 몸에 맞추어 만드는 것이라 다른 철기에 비해 높은 기술이 필요하지요. 따라서 가야의 철 제작 기술이 다른 지역보다 뛰어났다는 것을 알 수 있어요.

김해 퇴래리에서 출토된 판갑옷
장식성이 강한 이 갑옷은 권력의 상징물로 보입니다. 철판을 세로로 잘라 만든 종장판 갑옷으로, 이런 갑옷은 4세기에 금관가야 영역이었던 김해, 부산에서 많이 출토되고 있어요.

가야의 투구
지산동 1호 무덤(왼쪽)과 옥전 M3호 무덤(오른쪽)에서 출토되었어요.

고령 지산동에서 출토된 갑옷과 투구
철판을 가로로 잘라 만든 이런 갑옷을 횡장판 갑옷이라 하는데, 5세기 이후에는 갑옷이 횡장판이나 삼각판의 형태로 만들어졌다고 해요. 이런 갑옷은 가야 지역뿐 아니라 신라, 백제는 물론 일본에서도 만들어졌어요.

가야의 무기에는 어떤 것이 있나요?

가야에서는 일찍부터 쇠로 다양한 화살촉과 화살집, 긴 창과 긴 칼, 도끼 같은 무기를 만들어 사용했어요. 장군이나 높은 사람들은 손잡이 끝의 둥그런 고리 안에 용이나 봉황을 금으로 만들어 박은 화려한 장식 칼을 사용했어요.

화살통

갑옷 제작에 사용했던 목제 틀
(경북 경산 임당동 저습지 출토)
이 틀을 이용하여 철판을 구부리고 덧대어 갑옷을 만들었어요.

쇠화살촉(지산동 34호 무덤 출토)
쇠로 된 이 화살촉들은 적의 상처를 크게 하기 위해 앞이 넓적한 화살촉, 갑옷을 잘 뚫기 위해 관통력을 높인 뾰족한 화살촉 등 여러 모양이 있지요. 돌이나 조개껍질로 만든 화살촉도 있어요.

가야의 무덤에서는 왜 많은 유물이 나오나요?

가야 사람들은 죽은 후에도 살아 있을 때의 생활이 그대로 이어진다고 생각했어요. 그래서 음식, 옷, 그릇을 비롯해 생활에 필요한 물건을 무덤에 함께 넣어 주었어요. 이렇듯 무덤에 화려한 물건을 아낌없이 넣는 장례 풍습을 후장, 적게 넣는 풍습을 박장이라고 하는데 고구려와 백제는 박장이고, 신라와 가야는 후장이었지요. 그래서 도굴을 당한 경우라도 가야의 무덤에는 고구려나 백제보다 훨씬 많은 유물이 남아 있어요. 이처럼 가야는 문자를 남기지는 않았지만 그 흥망의 역사를 땅에 묻어 오늘날 우리에게 전하고 있어요.

합천 옥전 M3호 무덤
다라국의 왕이 묻힌 이 무덤에서는 용과 봉황을 새긴 고리자루칼뿐 아니라 여러 가지 토기, 철기들이 다량으로 출토되어 1500여 년 전에 살았던 가야 사람들의 문화와 생활을 알게 해 줍니다.

고리자루칼 출토 상태
위 무덤에서 나온 화려한 고리자루칼의 출토 당시 모습이에요.

말안장 가리개
합천 옥전 M3호 무덤에서는 갑옷과 투구, 말안장 같은 각종 말 장식품들이 쏟아져 나왔어요. 이 말안장 가리개도 그중 하나입니다.

함안 말이산 무덤들
말이산에서 남북으로 길게 뻗은 구릉의 정상부를 따라 자리잡고 있는 이 무덤들은 고령의 대가야와 함께 후기 가야의 유력한 세력이었던 아라가야의 중심지가 함안이었다는 것을 말해 줍니다. 말 갑옷이 나온 마갑총도 이곳에 있지요.

가야 사람들은 왜 무덤을 높은 곳에 만들었나요?

가야의 무덤 중에 특히 커다란 무덤들은 벌판이 내려다보이는 높은 산줄기의 정상을 따라 줄지어 있어요. 죽은 사람이 자기가 다스리던 마을의 들판과 산천을 내려다보게 배려한 것이지요. 죽어서도 살아서의 생활이 똑같이 이어진다고 생각한 것이랍니다. 한편으로는 죽은 조상들의 무덤을 잘 보이는 곳에 배치하여 권력을 굳건히 유지하려던 지배 계급의 생각이기도 하지요. 그래서 무덤은 죽은 자를 위한 것이지만 사실은 그 후손이 더 많은 덕을 본다는 이야기도 나오지요.

대가야의 금동관 출토 상태(고령 지산동 32호 무덤)

고령 지산동 32호 무덤 출토 상태
대가야의 금동관이 묻혀 있던 무덤 내부예요. 가야의 무덤 속에는 이렇게 많은 물건들이 함께 묻혀 있어요.

고령의 지산동 무덤들
대가야의 중심지였던 고령의 지산동에는 산줄기를 타고 대형 무덤들이 줄지어 있어요. 지름이 40~50미터나 되는 아주 큰 무덤들이지요.

가야의 무덤에서는 왜 여러 사람의 유골이 나오나요?

고령 지산동 44호 왕릉에서 확인된 순장
이 묘의 가운데에는 주실과 부실이 있고 이곳을 중심으로 빙 둘러 순장자들이 묻힌 작은 무덤 32곳이 있습니다.

가야에는 산 사람을 껴묻거리와 함께 묻는 '순장'이라는 장례 풍습이 있었어요. 특히 신분이 높은 귀족들은 죽어서도 살았을 때와 같이 시중들어 줄 시녀와 호위병이 필요하다고 생각했나 봐요. 4세기경 금관가야의 왕족 무덤으로 보이는 김해 대성동 무덤과 5세기경 아라가야의 왕족 무덤에서 순장의 흔적이 많이 발견되었어요. 고령에 있는 대가야의 왕족 무덤 가운데에는 30명이 넘는 사람을 순장한 무덤도 있는데 아마도 왕의 무덤이겠지요.

가야의 장례 의식을 고스란히 보여 준 무덤은 어디인가요?

장례 의식을 고스란히 보여 준 무덤방
창녕 송현동 6·7호 무덤에서는 제사 모습이 남아 있을 뿐 아니라 고리자루칼 같은 무기와 함께 화살대가 박힌 쇠화살도 나왔다고 해요. 이런 화살은 삼국 시대 유물로는 처음이라고 해요.

낙동강 중류에 있는 경남 창녕의 가야 무덤에서 고대 일본식 목관과 함께 장례 의식과 생활사를 알려 주는 유물들이 출토되어 학자들을 놀라게 했어요. 돌방 입구에서 제기로 쓰였을 목기, 토기와 제사에 쓰였을 음식과 밤껍질, 참외씨들이 출토되었어요. 순장된 희생자로 보이는 유골도 발견되어 순장자를 관 앞에 놓고 제사상을 차려 장례 의식을 치른 것으로 짐작되고 있어요.

❹ 머리카락과 눈썹을 심은 온전한 모습

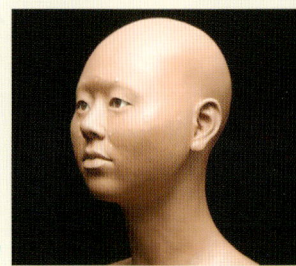
❸ 살갗 붙이기

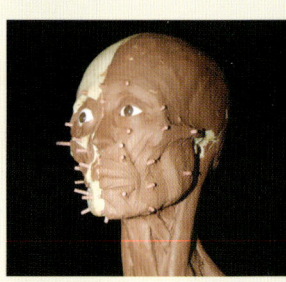
❷ 눈과 힘줄, 근육 살리기

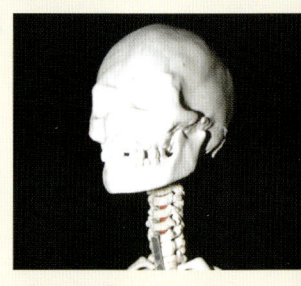
❶ 뼈 맞춤

가야 소녀의 복원 과정
이 복원에는 국립가야문화재연구소 주관으로 국립문화재연구소, 가톨릭 의과대학 응용해부연구소가 공동으로 참여했고 연세대 김종열 교수, 충북대 박선주 교수 등 외부 자문위원회에서 학술 자문을 담당했어요.

사진 제공 | 국립가야문화재연구소

1500년 만에 살아난 가야 미인은 누구인가요?

최근에 발굴된 가야 무덤에서 순장된 유골 4구가 발견되었어요. 그중 무덤 돌방의 가장 북쪽 벽 앞에 누워 있는 인골의 왼쪽 귀에서 금귀고리 한 점이 발견되었어요. 전문가들의 연구로 이 순장자는 17세 전후로 보이는 여성으로 밝혀졌습니다. 전문 연구자들과 학자들의 공동 연구와 최첨단 과학 기술이 합쳐져, 순장된 10대 여성의 인골은 생생한 인체 복원 모형으로 다시 태어났어요.

사진 제공 : 국립가야문화재연구소

복원된 가야 소녀의 모형
이 소녀는 낙동강 중류 창녕에 있는 가야 무덤들 중 15호 돌방무덤에서 발견되었어요. 여러 분야의 최첨단 과학 기술로 1500년 전에 우리나라 남쪽 지방인 가야에서 살던 소녀의 모습을 살려 냈어요.

순장 인골 출토 상황(아래)
순장자가 누워 있던 무덤 내부입니다. 북쪽 벽 바로 앞에 순장자가 누워 있고 여러 가지 부장품들이 함께 있었어요.

3D 스캐너를 통해 본 순장 인골 영상
옛날 사람들의 뼈를 통해 뼈의 주인공이 무엇을 먹었는지, 어떤 질병을 앓았는지, 또 키가 얼마나 컸는지를 알아낼 수 있다고 해요.

복원된 순장자의 뼈가 나온 무덤이 있는 창녕 송현동 고분군(왼쪽)

가야 사람들은 부자였나요?

가야에서는 철이 많이 생산되었어요. 가야 사람들은 철을 다루는 솜씨도 뛰어나 농기구도 만들어 사용했고, 바닷길과 내륙으로 통하는 낙동강의 물길을 이용해 이웃 여러 나라와 교역도 활발하게 했어요.

벼의 낟알이 붙은 항아리
성주 성산동 무덤에서는 벼의 낟알이 붙은 굽다리 접시가 발견되었어요.

● 김해의 패총에서는 벼, 보리, 밀, 콩, 조 같은 곡식과 털조개 같은 해산물이 출토되어 가야 사람들이 농경과 어로를 동시에 하며 살았던 것을 알 수 있지요.

돈으로 사용되었던 덩이쇠
가야에서는 덩이쇠를 돈처럼 사용했어요. 날이 무딘 도끼 모양으로 만들어 사용하다가 뒤에 영어의 I자 모양으로 만들어 사용했어요. 크기에 따라 값어치도 다르게 하고, 계산을 편하게 하기 위해 10개씩 한 묶음으로 쓰기도 한 것 같아요.

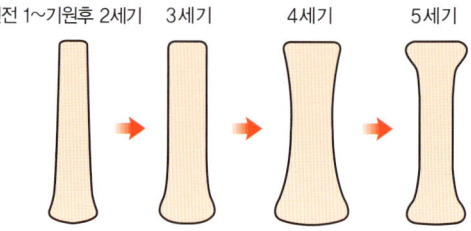

도끼 모양에서 영문자 I로 바뀌어 간 덩이쇠
돈으로 사용된 덩이쇠는 처음에 도끼 모양이었다가 차츰 영어의 I자 모양이 되었어요.

가야 사람들은 어떤 돈을 사용했나요?

오수전
한나라 때 만들어 그 뒤 중국에서 오랫동안 사용한 돈인데, 창원 다호리와 성산 패총에서 오수전이 발견되는 것은 가야가 중국과도 교역했다는 것을 알게 해 주지요.

가야의 유적에서 오수전이라는 중국의 동전이 가끔 나오지만 이것이 요즘의 돈처럼 사용되지는 않았어요. 그 대신 가야 사람들은 쇠를 돈처럼 사용했습니다. 영어의 대문자 I와 같이 생긴 쇳덩이나 납작한 도끼 모양의 덩이쇠였지요. 그대로 돈처럼 사용하기도 하고 필요하면 이것을 가공하여 갑옷이나 무기를 만들 수도 있었지요. 이런 유물이 지금도 가야의 무덤에 수십 점씩 묻혀 있습니다.

10개씩 묶어 무덤 바닥에 깔았던 도끼

가야 사람들은 어떻게 농사를 지었나요?

가야의 무덤에서는 쇠로 만든 농기구가 많이 나옵니다. 땅을 파는 따비, 괭이, 쇠스랑, 삽날이 많고, 곡물을 수확하는 쇠낫, 나무를 베는 도끼도 많지요. 이런 농기구를 이용하여 나무를 베어 논밭을 만들고 농사를 지어 먹고살았던 것이지요. 창원에서 발견된 가야의 논에서는 소와 사람의 발자국도 나왔다고 해요. 가야에서는 쌀농사만이 아니라 밭농사도 활발하게 이루어졌습니다.

소를 이용한 농사
김홍도의 풍속화 〈쟁기질〉의 부분이에요.

소 발자국 흔적
창원 반계동 논바닥 유적에서 발견되었어요.

여러 모양의 살포
살포는 논에 물꼬를 트거나 막을 때 쓰는 농기구로, 아주 다양한 모양의 살포가 많이 발견되지요. 이것으로 가야의 여러 지역에서 논에 물을 대고 벼농사를 지었다는 것을 알 수 있어요. 이 농기구는 지금도 논농사를 많이 짓는 지역에서 사용되고 있는데, 자루가 긴 살포는 노인들이 논에 나갈 때 지팡이처럼 짚기도 한다는군요. 고사리문양으로 장식한 멋진 살포도 있어요(왼쪽).

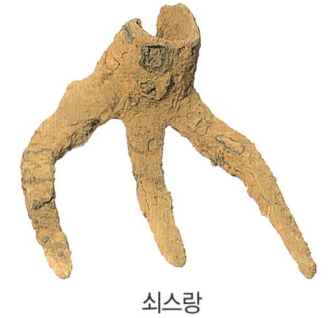

쇠스랑 **쇠도끼**

U자형 삽날과 삽 모양 농기구

철제 낫
벼나 보리, 조, 기장 같은 곡물을 베어 수확하는 농기구지요.

따비

● 4세기부터 만들어진 이런 효율적인 농기구 덕분에 가야 지역의 농업 생산력은 꾸준히 늘어났어요.

농경문 청동기에서 보이는 따비

쇠스랑으로 농사짓는 그림
김홍도의 풍속화 〈쟁기질〉의 부분이에요.

● 따비는 대전에서 출토된 농경문 청동기에서 보이듯이 청동기 시대부터 계속 사용한 우리나라 특유의 농기구지요. 손으로 쥐는 나무 자루를 곧추세워 끝부분을 땅에 비스듬하게 박아 밭을 가는 농기구로, 가야 지역에서는 부산 복천동과 창원 다호리에서 출토되었어요.

가야 사람들은 무엇을 먹었나요?

가야 사람의 유골을 조사해 보니 30~40세만 되어도 이의 뿌리가 들어날 정도로 이를 많이 사용한 흔적이 드러났어요. 그래서 학자들은 가야 사람들이 딱딱하고 거친 음식을 많이 먹은 것 같다고 해요. 가야는 바닷가가 많아 고기잡이가 활발하게 이루어져 생선이나 조개류를 먹은 흔적도 발견되었어요. 가야 사람들은 가축도 기르고 사냥도 했어요. 가야의 내륙 지방에서는 민물고기와 함께 쌀, 기장, 보리와 같은 곡물을, 해안 지역에서는 생선, 조개류와 소금을 생산하여 서로 필요한 먹을거리를 바꾸었을 거예요.

뚜껑 있는 토기 속의 생선 뼈(지산동 무덤)
지산동 44호 무덤에서는 낙동강에서 가장 많이 서식하는 누치(잉엇과의 민물고기)의 뼈가 들어 있는 그릇이 15개나 발견되었다고 해요.

토기 속의 닭 뼈(지산동 무덤)
한 마리 또는 반 마리분의 닭 뼈와 꿩 뼈가 토기에 담긴 채로 발견되었어요.

가야의 시루
가야 사람들이 음식을 만들 때 사용했던 시루, 솥, 화덕 같은 토기가 발견되었어요.

시루에 음식을 찌는 모습의 복원 그림
아궁이에 불을 때면 화덕 위의 솥에 넣은 물이 끓으면서 올라오는 뜨거운 김으로 시루에 담아 놓은 가루나 곡식을 익혀 떡이나 밥을 해 먹었을 거예요.

복천동 11호 무덤에서 출토된 작살(위)
가야 사람들이 물고기를 잡는 데 사용했던 도구지요.

그물추(왼쪽)와 **출토 상태**(오른쪽)
가야의 유적에서 그물추가 많이 출토되는 것을 통해 낙동강을 비롯한 하천에서 물고기를 많이 잡았음을 알 수 있지요.

가야 사람들은 어떤 그릇을 사용했나요?

철새 도래지로 유명한 주남저수지 주변의 한 무덤에서 2000년 전의 수많은 칠기 그릇이 발견되었어요. 가야 사람들은 나무 그릇도 많이 사용했지만 지금 남아 있는 것은 거의 없지요. 토기는 썩지 않아서 많이 남아 있는데, 실생활에서는 붉은색에 질이 무른 것을 많이 사용했지만, 무덤에는 대부분 회색에 단단한 것을 넣었어요. 청동에 금을 도금한 그릇도 있었는데 아주 귀해서 높은 신분의 사람들만 사용했지요.

손잡이가 쌍으로 달린 굽 있는 주발

칠기 굽다리 접시

늑도에서 출토된 4절판

신선로를 닮은 토기

복숭아 모양의 토기 잔

손잡이가 달린 잔

가야 사람들이 쓰던 여러 가지 그릇
가야의 토기는 단단해서 실생활에서 다양하게 사용되었지만 그 모양새도 세련미를 갖추면서 실용성이 함께 강조되었어요. 목기인 칠기 그릇도 있었어요. 오늘날에 사용되는 그릇이 이미 2천여 년 전부터 쓰이기 시작했다는 것을 보여 줍니다.

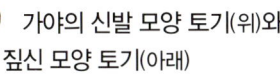

뚜껑 달린 합 세트
'모자합'이라는 이름이 붙은 이 합 세트는 지금 보아도 세련된 찬그릇 세트예요. 안에 들어 있는 작은 합의 지름이 11.5센티미터, 높이가 6.9센티미터라고 해요. 이 작은 그릇에 무엇을 담아 상에 냈을까요?

가야의 신발 모양 토기(위)와 짚신 모양 토기(아래)
가야 사람들이 신던 신발은 모두 썩어 버려서 남아 있지 않아요. 신발 모양의 토기를 볼 때 가야 사람들은 짚신이나 가죽신, 나막신을 신었다고 생각돼요. 짚신은 엄지발가락과 나머지 발가락 부분이 갈라진 신발이에요.

가야 사람들은 어떤 옷을 입었을까요?

가야 집터에서는 흙으로 구워 만든 가락바퀴가 자주 발견된답니다. 이 가락바퀴로 식물에서 실을 뽑아낸 것이지요. 이를 통해 간단한 옷은 각 가정에서 직접 짠 것을 알 수 있어요. 무덤에서 발굴된 갑옷이나 관모, 신발에는 종종 안쪽에 옷감이 엉겨 붙은 채 남아 있어요. 가죽이나 삼베가 많아서 이런 옷감이 많이 이용된 것을 알 수 있어요.

흙으로 구워 만든 가락바퀴
가락바퀴는 옷감을 짜기 위해 실을 뽑거나 감는 도구로 쓰였어요. 가락바퀴가 많이 출토되는 것을 통해 가야에서 일상적으로 옷감을 짰다는 것을 알 수 있어요.

25

가야 사람들은 어떤 집에서 살았나요?

최근 김해에서 발견된 가야 시대의 마을 유적에서 정교한 나무못이 출토되어 가야의 건축술이 얼마나 발달했는지를 연구할 수 있게 되었어요. 이제까지는 무덤에서 출토된 집 모양 토기의 모습에서 가야 사람들이 살았던 집을 상상해 볼 수 있었지요. 지붕은 맞배지붕으로 초가지붕이었고, 기둥을 세우고 땅바닥을 바닥 면으로 삼아 집을 지었어요. 기둥을 땅에 박아서 바닥 면을 공중에 띄운 집도 있었는데, 이런 집은 곡식이나 중요한 물건을 보관하는 창고로 사용되었을 거라고 해요.

집 모양 토기
지붕에 굴뚝이 있는 것으로 보아 집 안 한구석에 부뚜막이 있어 시루 얹은 솥에 물을 끓이며 밥을 지었을 것으로 짐작됩니다.

가야의 나무못
김해의 가야 마을 유적지에서 정교한 쐐기 모양의 나무못이 처음으로 출토되었어요. 가야 시대의 건축 수준을 알려 줄 중요한 자료이지요. 나무못이 출토된 마을 유적은 김해의 주촌면 망덕마을과 신기마을 사이에서 발견되었어요. 해안가에 위치한 이 마을 유적 가까이에는 공동 무덤 지역과 제사 공간이 별도로 조성되어 있다고 해요.

창고 모양 토기
창원 다호리에서 출토된 창고형 토기로 지붕은 짚으로 이엉을 얹고 바람에 날리지 않게 새끼줄을 두른 모양 같아요.

창고 모양 토기의 복원 모습(아래)
김해의 가야 유적지에 가면, 위의 토기와 같은 모양의 집을 실제로 세워 초가로 지붕을 얹은 모형 집을 볼 수 있어요.

김해시 부원동 유적 A지구의 주거지 전경(왼쪽)

봉황토성의 성벽 사진 제공 | 삼강문화재연구원
봉황토성은 가야의 우수한 토목 기술을 보여 주는 중요한 자료로서, 백제의 풍납토성과 신라의 반월성에 견줄 만해요.

봉황토성 발굴 조사 모습 사진 제공 | 삼강문화재연구원
2003년 김해시 봉황동 유적지에서 금관가야 지배층의 주거지를 방어하기 위해 쌓은 것으로 짐작되는 토성이 발굴되었어요.

가야의 왕궁은 어떻게 생겼나요?

금관가야의 중심지였던 김해에는 봉황대라는 구릉이 있는데, 이곳은 가야 왕족들이 살던 곳이라고 해요. 이 봉황대에는 궁궐을 보호하기 위해 나무로 담을 두르고 도랑을 파 놓은 흔적이 있어요. 2003년에 이곳을 감싸는 거대한 토성이 새로 발견되었습니다. 땅을 파고 조사해 보니 폭이 22미터나 되는 토성이 봉황대를 빙 둘러싸고 있었지요. 마치 백제의 풍납토성과 같은 것이에요. 대가야가 있던 고령에서도 왕릉과 산성이 있는 곳의 바로 옆에서 왕궁지로 생각되는 유적이 발견되었어요.

주산성에서 바라본 왕궁지
대가야의 왕궁지로 알려진 고령 연조리 궁성지의 모습이에요.

가야의 유물에는 왜 새 모양의 장식이 많은가요?

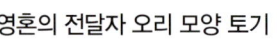

가야의 무덤에서는 새 모양의 토기가 자주 나오고 있어요. 새 무늬 청동 장식, 새가 조각된 철제 의례 용기, 새가 장식된 갑옷도 있어요. 가야의 고향인 낙동강에 자주 날아오던 철새를 표현한 것일까요? 죽은 사람의 영혼이 하늘에 올라간다고 생각한 가야 사람들은 하늘과 육지, 물에서도 살 수 있는 새가 곡식을 물어다 주고, 이승에서 저승으로 영혼을 전달해 준다고 생각했나 봐요.

영혼의 전달자 오리 모양 토기
철새가 떠났다가 이듬해에 다시 오는 것처럼 죽은 사람의 영혼도 언젠가 다시 돌아오라는 바람으로 철새를 본뜬 토기를 무덤에 넣었나 봐요.

새 모양 장식을 덧댄 갑옷
새 모양 철판으로 장식한 이 판갑옷은 전투에 앞서 승리를 기원하는 제의에 사용된 의례용일 거라고 하지요. 이런 갑옷은 김해 대성동 2호 무덤과 부산 복천동 86호 무덤에서 출토되었어요.

네발 달린 닭 모양 토기

가야 사람들도 성형 수술을 했나요?

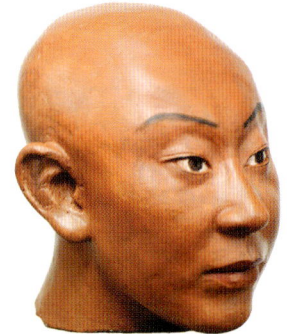

김해 예안리에서 발견된 가야 무덤에서 수많은 사람의 뼈가 나와 세상을 놀라게 한 적이 있어요. 이때 앞이마를 심하게 눌러서 납작하게 하고 뒤통수를 뾰족하게 만든 머리뼈가 발견되었어요. 이런 머리를 편두라고 하는데, 어린아이의 머리에 돌이나 나무를 대고 꽁꽁 묶어서 일부러 모양을 납작하게 한 것이래요. 얼마나 아팠을까요? 그런 모습이 더 멋지게 보였거나 신분이 높다는 것을 과시하기 위해서였을 거라고 추측하지요.

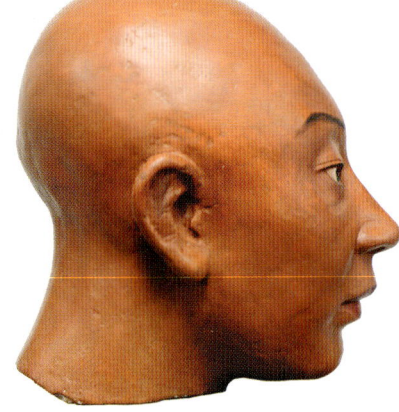

복원된 가야인의 편두
갓난아이의 이마를 돌로 눌러 납작하게 만든 가야 편두입니다. 눈과 눈썹이 치켜 올라간 볼록한 얼굴로 만들려는 미용술이지요. 얼굴연구소 조용진 교수의 작품입니다.

예안리 무덤에서 나온 편두 인골　　**정상 머리뼈**

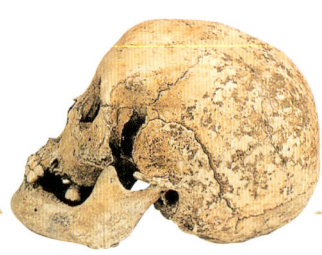

가야미의 아름다움과 여유는 어디에서 온 것일까요?

소박하면서도 세련된 아름다움에 정감이 넘치는 가야의 유물에는 지역마다 다른 개성미가 뚜렷이 나타나 있어요. 가야의 대장장이나 토기장들은 권력이나 힘에 절대 떠밀리지 않고 지천으로 널려 있는 풀과 철마다 찾아드는 새를 보면서 스스로의 감성에 충실한 작품을 만들어 낸 것이지요. 가야의 문화는 이렇게 자연미와 인공미가 어우러진 완벽한 아름다움을 이루어 냈어요.

고사리문양과 수레바퀴 장식 토기
의례용으로 쓰였을 이 굽 달린 토기에는 고대 가야의 신앙심이 숨겨져 있다고 생각되지요. 죽은 자의 영혼을 태우고 이승과 저승을 오가는 수레를 표현한 것이 아닐까요?

사람 얼굴 무늬 말방울
말의 목에 거는 이 청동 방울은 오랜 세월 동안 금박이 벗겨졌지만 마치 사람의 얼굴에 쓰는 탈과 같은 느낌이 들어요. 우뚝한 코, 커다란 눈망울과 세련된 선으로 그려진 눈썹의 선, 귀밑까지 째진 큰 입을 벌리고 웃는 모습은 절로 웃음이 나게 하지요. 합천 반계제 A호 무덤에서 출토된 이 유물은 말에게 달아 주었던 말방울입니다. 말방울 소리를 내기 위해 공을 넣는 장치 하나에도 이런 멋진 표현을 할 수 있었던 가야인의 낭만과 여유가 부럽지요?

직선으로 그린 삼각무늬와 파도무늬
김해 지역에서 출토된 금관가야 화로형 토기의 몸통 부분입니다.

거창 말흘리 무덤 출토 긴목항아리

나뭇잎무늬와 물결무늬
물결무늬는 가야 토기에서 가장 많이 보이는 무늬로 가야 토기를 구별 짓는 특징이지요. 거창 말흘리 무덤에서 출토된 긴목항아리의 목 부분입니다.

다양한 무늬
김해 대성동에서 출토된 긴목항아리의 목 부분으로 실타래 무늬를 비롯한 다양한 무늬가 표현되어 있어요.

점으로 된 문양
토기 뚜껑에 점으로 새긴 여러 가지 문양으로 어떤 뜻이 담긴 문자가 아닌지 생각하게 하지요. 함안에서 출토된 토기의 뚜껑입니다.

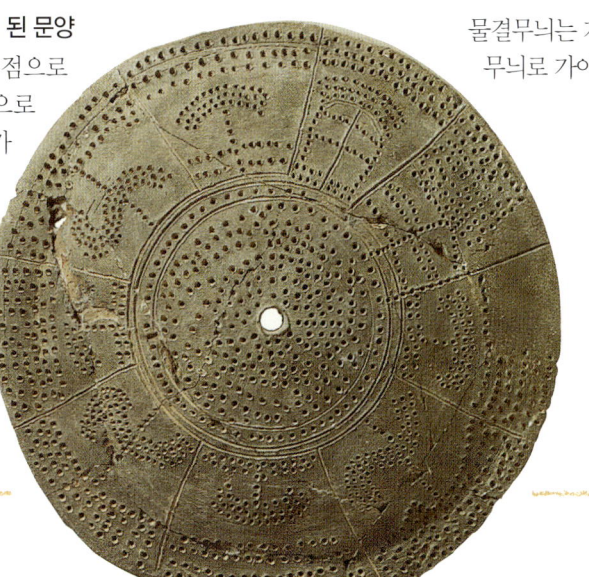

가야 사람들이 남긴 문자 유물이 있나요?

다호리 유적에서 발견된 붓이나, 이웃 나라와 국제 교류를 활발하게 한 것으로 미루어 볼 때 가야 사람들은 문자에 대한 인식이 높았을 것이라 생각됩니다. 그러나 가야 사람들이 문자 생활을 한 흔적이 있는 유물은 드물어요. 대표적인 문자 유물로는 글자를 새긴 토기들이 있고, 금 입사로 새긴 글씨가 남아 있는 고리자루칼이 있지요.

하부사리리 새김 토기
합천 저포리에서 발견된 이 토기는 의례 때 사용된 토기예요. 날카로운 도구로 새겨진 다섯 글자 중 하부(下部)는 국가 조직의 명칭으로, 사리리(思利利)는 사람 이름으로 해석하여 고대사 연구에 중요한 자료가 된다고 해요.

대왕 새김 뚜껑 단지
합천에서 발견된 것으로 전해지는 대가야 양식의 토기로, 대왕(大王)이란 글자가 뚜껑과 단지 몸통에 각각 새겨져 있어요. 학자들은 대왕을 대가야의 지배자를 부르던 호칭일 것으로 보고 대가야 지배 구조를 연구하는 데 중요한 자료가 될 수 있다고 해요.

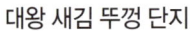

글자가 새겨진 용무늬 고리자루칼
출토지는 모르지만 가야의 것으로 전해지는 이 글자 새김 용무늬 고리자루칼에는 '이 칼이 있으면 두렵지 않다. 부귀가 높이 쌓이고 재물이 많아지기를'이라는 뜻의 글귀가 새겨져 있어요.
(도쿄국립박물관 소장)

가야 사람들은 무엇으로 글씨를 썼나요?

가야 사람들은 붓으로 글씨를 썼어요. 가야의 초기에 해당되는 기원전 1세기 무렵의 유적인 창원 다호리에서 칠기로 된 붓자루가 여러 개 발견되었어요. 초기에 이미 붓이 있었으니 가야의 전성기에는 당연히 붓으로 글씨를 썼겠지요. 종이는 남아 있지 않아 잘 알 수 없지만 비단이나 목판이 종이처럼 쓰였을 거예요.

창원 다호리 1호 무덤에서 출토된 칠기 자루 붓

다호리 붓과 삭도
다호리 유적에서 발견된 이 붓과 삭도(칼)는 철을 통한 활발한 대외 교섭으로 가야 사람들이 일찍부터 중국계 문자 유물을 통해 문자에 대한 인식이 높았을 거라는 생각을 하게 하지요. 붓은 양쪽 끝에 털이 있었어요. 삭도는 대나무 쪽이나 목판에 쓴 글씨를 깎아 내는 지우개와 같은 용도로 쓰였다고 해요.

창원 다호리 1호 무덤에서 출토된 붓과 삭도의 복제품

금 입사 글씨 고리자루칼 (교동 11호 무덤 출토)
창녕 교동에서 출토된 이 칼에 새겨진 글은 누구누구의 귀한 칼이라고 해석됩니다.

삼국사기에는 왜 가야가 없지요?

가야는 많은 유물을 통해 수준 높은 문화를 남겼고, 5백여 년 동안이나 백제, 신라와 겨룰 만큼 힘을 가진 나라였어요. 그런데도 가야 사람들은 스스로의 역사책을 남기지 못했어요. 고구려, 백제, 신라 삼국은 몇 차례에 걸쳐 자기 나라의 역사를 정리했지만, 가야는 신라에 병합되면서 기록이 없어진 때문인지 아직까지 어디에서도 역사 기록이 보이지 않아요. 단지 《삼국유사》의 가락국기 편에 금관가야의 시조 수로왕의 탄생 설화와 금관가야의 제10대 왕인 구형왕에 이르는 간략한 기록만이 남아 있지요. 《삼국사기》를 지은 고려 시대의 학자 김부식도 직접 찾아볼 수 있는 자료가 없어서 가야를 빼놓았나 봐요.

가야 사람들은 모두 같은 말을 썼나요?

가야의 작은 나라들은 조금씩 말이 달랐던 것 같아요. 지금 경상도 말에서도 부산, 대구, 안동, 김천의 말이 조금씩 다른 점이 있지요. 그래서 가야 전체를 통일하려고 노력했던 대가야 가실왕은 제각각 말이 다른 것을 고쳐 보려고 가야금의 대가 우륵에게 중요한 일을 맡겼지요. 우륵은 왕명을 받들어 가야 곳곳의 노래를 12곡으로 간추려 만들었어요.

우륵의 초상
우륵은 가야 말기 대가야의 악사였어요. 대가야 가실왕의 부름을 받아 12현금을 만들었다고 해요. 우륵은 이 가야금을 가지고 12곡을 지었다고 합니다. 그 후 가야가 쇠퇴하자 앞날을 비관한 우륵은 신라에 투항하여 가야금과 가야의 궁정 음악을 신라 사람들에게 전수했지요. 우륵은 가야의 높은 음악 수준과 함께 가야의 멸망을 상징하는 인물이에요.

우륵이 신라에 전한 가야금
일본의 정창원에 보관되어 있는 악기로, 우륵이 신라에 전한 가야금의 후신이에요. 지금까지 남아 있는 가야금 중에 가장 오래된 것이지요.

신라 토우의 가야금 타는 모습

우륵은 왜 가야금 12곡을 만들었나요?

이웃한 고구려, 백제, 신라가 가야 땅을 탐내 압박해 오자 대가야의 가실왕은 우륵에게 가야의 노래 12곡을 만들게 했어요. 지금 그 내용은 남아 있지 않고 제목만 남아 있는데, 가야 여러 나라의 이름을 가지고 만든 노래였어요. 가실왕은 이 노래들을 하나로 묶어서 연주하게 하여 통일되지 못한 가야의 여러 나라들을 하나로 묶으려고 생각했지요. 하지만 가실왕의 계획은 실패로 끝나고 우륵은 신라에 투항하고 말았어요. 꺼져 가는 가야의 운명처럼 말이에요.

고령의 우륵 기념탑
우륵이 대가야의 악공들을 거느리고 가야금을 탔다는 고령의 주산성 동쪽 연조리에 가야금의 형태로 세운 탑이에요.

사진 제공 | 고령군청

가야에도 유명한 문장가가 있었나요?

신라의 뛰어난 문장가였던 강수는 가야 출신으로, 가야 멸망 후 지금의 충주인 신라의 소경에 살면서 관직에 나아가 벼슬을 했어요. 강수는 태종 무열왕 앞에서 당나라 사신의 조서를 막힘없이 해석하여 왕으로부터 상을 받았다고 해요. 강수는 중국이나 고구려, 백제에 보내는 외교 문서를 잘 써서 신라가 삼국을 통일하는 데 큰 공을 세웠어요. 이렇게 뛰어난 문장가가 있었으니 가야의 문자 생활이 어느 정도였는지 짐작이 가지요.

《삼국사기》 권 4 신라본기
법흥왕 19년조의 금관국 멸망 기록이에요. 이때 구형왕은 첫째 아들 노종, 둘째 아들 무덕, 셋째 아들 무력과 함께 신라에 항복했다고 해요.

구형왕릉
금관가야의 마지막 왕 구형왕의 무덤이라고 전해지는 돌무더기입니다. 구형왕은 나라의 힘이 다한 것을 알고 신라에 순순히 투항했고, 신라는 그 대가로 구형왕에게 옛 땅을 다스리도록 허락했지요.

북한산 진흥왕 순수비
신라 진흥왕이 한강 유역을 차지한 후 이 지역을 방문한 것을 기념하여 세운 비입니다. 이 비에는 금관가야의 마지막 왕인 구형왕의 셋째 아들이자 김유신의 할아버지인 김무력이 신라의 진골 대등으로서 진흥왕의 어가를 수행하여 북한산에 올랐다는 기록이 있어요.

김유신은 가야 사람이었나요?

김유신은 금관가야의 마지막 왕 구형왕의 증손자입니다. 금관가야의 마지막 왕인 구형왕의 아들들은 신라의 장군이 되어 많은 공을 세웠는데 그중 김무력의 아들이 서현이고, 서현의 아들이 유명한 김유신 장군입니다. 김유신의 할아버지 김무력은 진흥왕이 이끈 신라군이 백제의 성왕을 전사시킨 관산성 전투에서 크게 이겨 신라가 한강 유역을 차지하는 데 결정적 역할을 했어요. 아버지인 서현도 역시 신라를 위해 전공을 많이 세웠어요. 이런 공로를 인정받아 김유신의 가문은 신라의 진골 귀족이 될 수 있었지요.

가야가 멸망한 뒤 가야 사람들은 어떻게 되었나요?

금관가야가 400년 고구려군에게 결정적인 타격을 입었을 때 많은 가야 사람들이 일본으로 건너가 집단을 이루고 살게 되었어요.

이 무렵부터 일본 무덤에서는 가야식 판갑옷과 마구류, 스에키가 갑자기 나타나기 시작하고, 김해 지역에서는 왕릉이 사라집니다. 일본에는 지금도 '가야', '가라'라는 지명이 많이 남아 있어요. 562년 고령의 대가야를 끝으로 가야 연맹이 신라에 완전히 병합될 때 제자들과 함께 신라로 망명한 우륵이나 문장으로 뛰어났던 강수는 신라에서 대접은 받고 살았지만, 가야 사람이라는 이유 때문에 경주에 살지 못하고 지방 도시에서 일생을 마쳤어요. 드물게 김유신의 가문처럼 삼국 통일 과정에서 큰 공을 세우고 신라의 진골 귀족이 된 집안도 있지요.

고소성에서 내려다본 섬진강
경남 하동의 평사리에 있는 고소성은 동북으로 지리산을 등지고, 서남으로 섬진강과 동정호를 아래에 둔 천연의 요새로 백제도 가야로부터 빼앗으려 했던 곳이지요. 낙동강의 수로를 신라에 내주고 신라의 위협을 받는 시기에 가야가 중국 남제와 교역을 이룬 통로도 이 섬진강이었다고 해요. 고소성은 신라가 가야를 차지한 후 백제의 침입을 막기 위해 쌓은 성이라고 합니다.

일본 무덤에서 출토된 토기
일본 유적에서는 긴목항아리와 굽다리 접시 같은 가야 토기를 꼭 빼닮은 토기들이 출토되었어요. 이런 토기는 가야 사람들이 가져갔거나 일본에 정착한 가야의 토기장이들이 만든 것인지도 몰라요. 위 토기들은 일본 시가 현에서 출토되었어요.

투구
일본 후쿠이 현에서 출토된 이 쇠투구는 대가야 지역이었던 고령의 지산동 무덤에서 출토된 가야 투구와 닮아 있어요.

가야의 쇠못 박음 기법을 따른 일본의 판갑옷
철판을 못으로 고정하여 만든 가야의 갑옷을 닮은 판갑옷이 일본에서도 출토되었어요. 후쿠이 현에서 출토된 이 판갑옷은 아라가라 지역이었던 함안 도항리 13호 무덤에서 출토된 가야 판갑옷과 닮아 있어요.

가야는 왜 멸망했나요?

가야의 작은 나라들이 하나로 통합되지 못하는 동안 고구려, 백제, 신라는 중앙 집권 국가를 이루고 본격적인 영토 확장에 나섭니다. 특히 신라는 가야를 노리고 압박해 왔어요. 백제, 신라의 경쟁은 더욱 치열해졌고 마침내 신라가 백제에 크게 이긴 관산성 전투에 백제의 연합군으로 참여한 대가야는 수많은 병사를 잃고 참패하게 되지요. 이후 힘이 약해진 가야의 작은 나라들은 별 저항도 못 하고 차례로 신라에 복속되다가 562년 대가야마저 신라에 병합됩니다. 철의 왕국 가야는 금관가야에 이어 대가야마저 신라 화랑 사다함의 기병 5천의 기습을 받아 멸망합니다. 강력한 세력으로 백제, 신라와 당당히 맞서며 정치적, 문화적 독자성을 유지했던 가야는 500여 년 역사의 막을 내리게 됩니다.

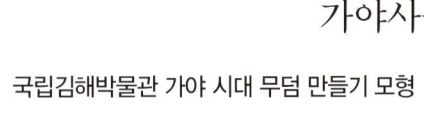

《삼국사기》 권 34 지리 1 고령군조
이 기록에 따르면 대가야는 이진아시왕 이래 16대, 520년 동안 역사를 유지하다가 신라 진흥왕 때 멸망했다고 해요.

가야를 알려면 어떻게 해야 하나요?

가야는 역사책을 남기지 못했지만 무덤 속에 유물을 풍부하게 남겨 놓았어요. 지금의 경상도와 전라도 동쪽 지역에 흩어져 있는 가야의 유적을 답사하거나 유물을 보면서 우리는 가야를 공부할 수 있어요. 가야의 작은 나라들이 있었던 지역마다 특색 있는 유물을 전시하고 있는 전시관도 있어요. 서울의 국립중앙박물관의 가야실을 비롯해서 금관가야의 유물이 전시된 국립김해박물관, 대가야의 유물이 전시된 고령의 대가야박물관, 그리고 아라가야의 유물이 전시된 함안의 함안박물관이 있지요. 가야를 연구하는 학자들은 유적과 유물을 통해 지금도 가야사를 밝혀내고 있어요.

국립중앙박물관 가야실 (왼쪽, 오른쪽)

국립김해박물관 가야 시대 무덤 만들기 모형

고구려, 백제, 신라와 함께 4국 시대를 이룬
철의 왕국 가야

 가야는 고구려, 백제, 신라와 함께 일어났던 나라입니다

　가야는 지금으로부터 약 2000년 전 우리나라 남쪽에 있었던 삼한 중 변한 지역에서 일어난 나라입니다. 1세기 무렵에 경상도에는 지금의 시나 군 크기의 작은 나라들이 24개 정도가 있었다고 해요. 이곳을 변한과 진한이라 불렀는데 대개 낙동강 서쪽이 변한, 동쪽이 진한이었어요. 변한에는 12개의 작은 나라들이 있었고 이때가 가야 문화의 형성기입니다. 변한에 속한 나라들 가운데 가장 강했던 김해의 구야국이 가야로 발전했어요. 이 무렵 진한에서는 경주의 사로국이 가장 강했는데 나중에 신라가 되었지요.

　가야는 3세기 후반쯤 영토가 더욱 넓어지고 힘이 세지면서 나라의 모습을 갖추게 됩니다. 이때부터 김해를 중심으로 일어난 금관가야가 가야 지역을 대표하는 나라로 떠오르게 됩니다. 가야는 수로왕이 나라를 처음 연 후 5백여 년간 우리나라 남부 지역을 차지하고 번영하면서 바다 건너 이웃 나라 일본의 고대 문화에도 많은 영향을 주었을 정도로 발전한 나라였습니다.

 해상 왕국 금관가야는 국제 교역의 중심지였습니다

　금관가야는 낙동강과 바다가 만나는 지점에 위치한 교통의 이점, 그리고 철기의 생산과 무역을 바탕으로 국력을 키워 경상도 지역에서 가장 강한 나라가 되었습니다. 활발한 해상 교통의 중심지가 된 가야는 고구려, 백제, 신라와는 물론 북쪽 낙랑과의 교역을 통해 중국과도 활발히 교류했어요. 특히 김해의 대성동과 양동리 무덤에서 중국이나 일본에서 들어온 외래 물건이 가장 많이 나왔어요. 요즘은 부산이 세계적인 국제 항구지만 옛날에는 김해가 제일 중요한 항구였기 때문이에요.

　남해안에서 이렇게 많은 외래 물건이 나오는 것은 당시 중국과 우리나라, 그리고 일본으로 이어지는 뱃길이 발달했기 때문이에요. 이 길을 따라 왕의 명령을 받든 사신, 전쟁을 치르는 군인, 돈을 벌기 위한 장사꾼들이 이동했지요. 가지가지 귀중품과 철기 같은 물건도 배로 운반되었습니다. 지금처럼 고속도로나 철도가 없을 때였으니 배를 이용하는 것이 가장 효과적이었지요.

　고령의 대가야가 전성기를 맞이했을 때에는 서쪽으로는 백제, 동쪽으로는 신라와 대결하면서도 서로 많은 영향을 주고받게 되지요. 대가야의 세력이

• 새를 숭배했던 고대인들의 정신세계를 상징하는 미늘쇠 (함안 도항리 출토)

확산되면서 가야의 유물도 소백산맥을 넘어 전라도의 동쪽으로 퍼져 나가게 됩니다. 요즘에는 경상남도 진주, 고성 일대에서 성장하던 소가야의 유물이 전라남도 여수, 순천을 거쳐 바다를 따라 전라남도 남해안으로 퍼져 나가던 모습이 유적을 통해 확인되고 있어요.

이렇게 가야 사람들은 좁고 답답한 경상도 땅을 벗어나 바다를 이용해 멀리멀리 퍼져 나갔습니다. 그래서 가야를 해상 왕국이라고 부르는 거지요.

• 4세기에 만들어진 것으로 추정되는 판갑옷. 중국을 비롯한 어디에서도 유래가 확인되지 않는 가야 특유의 갑옷입니다. 전기 가야 연맹의 중심 세력인 금관가야의 강한 무력과 철기 제작 기술을 짐작하게 하는 유물이지요.(김해 퇴래리 출토)

 가야는 철의 왕국이었습니다

가야는 철 생산도 풍부했지만 쇠를 다루는 솜씨도 훌륭해서 가야에서 생산되는 덩이쇠는 인기가 좋았고 이것을 이용하여 만든 철기는 더욱더 인기가 좋았지요. 당시에는 모든 나라가 쇠로 만든 농기구와 무기를 아주 소중히 여겨서 가야의 철은 최고의 인기 상품이었습니다. 남쪽의 일본, 서쪽의 마한, 북쪽의 낙랑과 대방, 저 멀리 함경도 지역의 동예에서까지 김해로 와서 쇠와 쇠로 만든 물건들을 사 갔지요. 특히 일본은 가야를 통하지 않고는 쇠를 구하기가 어려웠기 때문에 가장 열심이었지요. 이런 까닭에 가야 물건뿐만 아니라 가야 사람들도 활발히 일본으로 건너가게 됩니다.

중국의 《삼국지》기록에 따르면 3세기 변한에서는 쇠를 마치 화폐처럼 쓰면서 각지로 수출했다고 해요. 덩이쇠는 10개씩 묶은 단위로 거래되었는데 가야의 무덤 바닥에 이런 덩이쇠의 묶음이 깔려 있기도 해요. 4세기 이후로는 낙동강 하류 지역에서 본격적인 형태의 덩이쇠가 대량으로 생산된 것을 알 수 있습니다.

 가야 사람들은 아름다운 토기를 빚었습니다

가야 유물 중에는 토기가 유난히 많이 남아 있지요. 종류도 다양하고 쓰임새도 다양한 가야 토기는 가야 사람들의 생활을 엿볼 수 있게 합니다. 가야 토기의 소박하면서도 유연한 곡선과 형태의 세련미는 오늘의 시점에서 보아도 당시 가야 사람들의 아름다운 조형 감각을 짐작하게 합니다. 그뿐만 아니라 가야 토기는 가마에서 1200도가 넘는 높은 온도로 구웠기 때문에 아주 단단해서 두드리면 쇳소리가 날 정도라고 해요.

• 전형적인 가야의 팔(八) 자 모양 굽다리 위에 완전 무장한 가야의 기마 전사가 앉아 있어요. 말에도 말 갑옷을 입혔어요. 목 가리개를 하고 갑옷을 입은 전사는 오른손에는 투겁창을, 왼손에는 방패를 들었습니다. (국보 275호, 국립경주박물관 소장, 김해 덕산리에서 출토된 것으로 전해짐)

신라는 고구려 편을 들게 되었지요. 고구려 광개토대왕은 신라의 요청을 받아 신라의 수도 경주에 들어와 있던 왜구를 몰아낸다는 구실로 강력한 기병 5만 군을 이끌고 와서 왜구를 몰아낸 뒤, 그 여세로 임나가라 종발성이란 곳까지 밀고 내려오게 됩니다. 이때 금관가야는 커다란 피해를 입고 지배 세력은 바다 건너 일본으로 건너가 버리지요. 이때부터 일본에서는 가야 토기를 닮은 토기가 만들어지기 시작하고 가야의 갑옷을 닮은 판갑옷도 만들어집니다.

가야 전체를 이끌 강력한 나라로 커 가던 금관가야가 이처럼 처참하게 힘을 잃자 이 틈을 노려 신라는 크게 발전할 수 있는 기회를 얻게 되었지요. 이후 신라와 가야의 국력은 뒤바뀌어 가야는 큰 위기에 처합니다.

1천 도가 넘는 뜨거운 온도에서 철을 생산하며 불을 다루었던 가야 사람들에게는 토기 굽는 기술에도 숨은 비결이 있었나 봐요.
  이런 가야 토기는 일본으로 건너가 '스에키'라는 단단한 토기로 이어지게 되지요.

 금관가야가 고구려의 침입을 받게 됩니다

  치열하게 경쟁하던 백제와 고구려의 틈바구니에서 금관가야와 일본은 백제 편을,

 고령의 대가야가 후기 가야 연맹을 이끌어 가게 됩니다

  고구려 군대의 침입이 있은 지 50년이 넘는 세월이 흐르자, 이번에는 산속 깊숙이 자리하고 있던 고령의 가라국이 전체 가야 세력의 지도자로 우뚝 서기 시작했어요. 고령의 세력은 원래 반로국이란 이름을 사용하던 작은 나라에 불과했지만 이제는 새로이 가라국이란 이름을 쓰게 됩니다. 그전의 금관가야가 그랬듯이 가라국도 주변의 철 생산지를 개발하고 농업에 힘쓰면서 가야 세력의 큰형님으로 주변 나라들을 이끌게 되었지요. 그 후 가라국은 커다란 가야라는 뜻의 대가야라는 이름으로 불리게

됩니다.

대가야는 섬진강을 통한 대외 교역을 활발히 하고 영토를 더욱 넓혀 고령을 중심으로 주변의 합천, 함양, 산청은 물론이고 소백산맥을 넘어 지금의 전라도 땅인 남원과 임실, 장수, 여수, 순천 지역으로까지 땅을 넓힙니다. 그러면서 공주에 도성을 잡고 있던 백제와 치열한 경쟁을 벌이게 됩니다. 대가야는 한때 백제를 누를 정도의 힘을 누리며 낙동강 서쪽의 경상도 땅과 전라도 동쪽의 땅을 모두 차지합니다. 하지만 이 땅을 완전히 자신의 영토로 만들지는 못했어요. 다른 가야 지역의 지배자들을 완전히 포섭하지 못하고 제각각 자신의 땅을 다스리게 했지요. 이런 형태를 연맹체라고 하는데, 대가야 연맹체에는 여러 세력이 참가했지만 끝까지 하나로 결집된 강력한 힘을 낼 수는 없었지요.

 금관가야에 이어 대가야도 힘을 잃게 됩니다

백제는 무령왕이 왕위에 오른 후 국력을 크게 키워 가야 지역을 공격합니다. 대가야는 마침내 전라도 지역의 땅을 모두 백제에 빼앗기고, 이후 국력이 크게 약해지게 되지요. 대가야는 554년 한강 유역을 차지하기 위해 신라와 백제가 벌인 관산성 전투에 백제의 연합군으로 참여하여 큰 피해를 입습니다. 이후 신라는 가야의 땅을 조금씩 조금씩 차지하기 시작했어요. 560년 무렵 아라가야가 먼저 신라에 병합되고, 가야의 연맹체들은 거의 신라의 차지가 됩니다.

그 후 가야의 땅을 노리는 신라의 공격이 노골화되자, 대가야의 가실왕은 우륵에게 명령하여 12곡의 노래를 만들어 여러 가야 세력들의 힘을 하나로 합치려고 하지만 이 계획도 실패하고 우륵은 신라에 항복하고 말지요. 562년 마침내 고령의 대가야마저 신라군의 기습 공격으로 멸망하게 됩니다. 이렇게 해서 거의 같은 시기에 한반도의 남쪽에서 일어나 고구려, 백제, 신라와 맞서며 500여 년 우리나라 고대사의 대부분을 삼국과 함께했던 가야의 역사는 막을 내립니다.

• 가야 시대 제사 유구에서 나온 새 무늬 청동기로 농경이나 장례 때 사용한 의례 용기라고 해요. 가운데에는 큰 새 두 마리를 중심으로 고사리무늬, 톱니무늬들이 새겨져 있어요.

• 일곱 방향으로 일정한 간격을 두고 작은 방울을 단 이 장식은 한쪽으로 길게 뻗어 있는 투겁에 나무 장대를 꽂아 의례에 사용한 것으로 짐작되는 가야의 유물입니다.
(부산 복천동 21·22호 무덤 출토)

찾아보기

ㄱ
가라국 5, 8
가실왕 32, 39
가야금 32
갑옷 16, 17, 28, 38
강수 33, 34
고리자루칼 7, 14, 18, 30, 31
고자국 5
광개토대왕 6, 7, 38
구야국 5, 36
구형왕 31, 33
굽다리 접시 6, 9, 12, 22
금관 14
금관가야 4~6, 9, 10, 12, 17, 20, 27, 31, 33, 34~38
긴목항아리 4, 12, 13, 29
김유신 33, 34

ㄴ
농기구 23

ㄷ
다라국 4, 18
다호리 11, 30, 31
대가야 4~6, 8, 12, 13, 18~20, 27, 32, 34~36, 38, 39
덩이쇠 10, 22, 37

ㅁ
마갑총 16
말갖춤 16
미늘쇠 11, 36

ㅂ
변한 4, 36, 37
복천동 6, 11, 39
봉황대 27
붓 31
비늘 갑옷 17

ㅅ
삭도 31
삼국사기 31, 33, 35
삼국유사 4, 5, 31
소가야 5
수로왕 4, 31, 36
순장 20, 21
스에키 9, 13, 34, 38

ㅇ
아라가야 4~6
안라국 5
옥전 7, 10, 14~18
우륵 32, 34, 39
이진아시왕 4, 35
임나일본부 7

ㅈ
장례 20
종발성 7, 38
주산성 27
지산동 5, 14, 17, 19

ㅌ
토기 6, 9, 12, 13, 20, 24~26, 28~30, 34, 37, 38
투구 9, 16, 17, 34

ㅍ
파사석탑 4
판갑옷 17, 34, 37, 38
편두 28

ㅎ
허황옥 4